Gustave Planche

La Peinture
monumentale

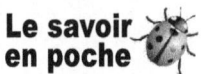

**Le savoir
en poche**

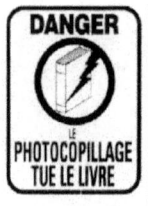
ISBN : 978-1546938323

10 9 8 7 6 5 4 3 2 1

Gustave Planche

La Peinture monumentale

Le savoir
en poche
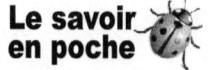

Table de Matières

Première partie

MM. EUGENE DELACROIX ET HIPPOLYTE FLANDRIN.

Les peintures achevées récemment par MM. Eugène Delacroix et Hippolyte Flandrin méritent d'être étudiées avec le plus grand soin, et compteront certainement parmi les ouvrages les plus recommandables qui aient été exécutés en France depuis longtemps. Nous voyons avec plaisir que le ministère de l'intérieur et l'administration municipale ont enfin adopté le parti qui seul peut contribuer efficacement aux progrès de la peinture historique. Au lieu de demander à MM. Delacroix et Flandrin un tableau qui, en sortant de l'atelier, n'aurait peut-être jamais rencontré un jour convenable, le ministère et le conseil municipal ont voulu, pour la bibliothèque de la chambre des pairs et pour l'église Saint-Germain-des-Prés, des peintures monumentales, exécutées sur place, et par conséquent composées selon le jour qu'elles reçoivent. Nous les en félicitons sincèrement. Le bon sens et le goût réclamaient depuis longtemps ce qui vient enfin de s'accomplir. Assurément, nous ne prétendons pas que la peinture murale soit seule digne d'occuper l'attention publique : notre admiration pour l'art monumental ne nous empêche pas de reconnaître l'importance de la peinture historique exécutée dans d'autres conditions ; mais il est impossible de visiter, d'étudier l'Italie sans arriver à la pensée que nous venons d'exprimer. Il est impossible de vivre avec les fresques romaines et florentines sans croire que la peinture murale est la première de toutes les peintures. Les tentatives faites en France pour inaugurer la peinture à fresque n'ont pas réussi, nous le savons, et nous ne songeons pas à le nier ; mais, de bonne foi, que peut-on conclure de ces tentatives malheureuses contre la thèse que nous soutenons ? MM. Vinchon, Abel de Pujol et Guillemot ont-ils jamais eu la valeur d'un argument sérieux ? Les murailles de Saint-Sulpice sont couvertes d'œuvres sans nom, cela n'est que trop vrai ; mais croyez-vous que MM. Vinchon, Abel de Pujol et Guillemot eussent été mieux inspirés en peignant sur la toile qu'en peignant sur la muraille ? Nous ne voulons pas nous charger de la réponse. Tous ceux qui connaissent la valeur de ces trois noms répondront pour nous, et nous dispenseront d'insister. On a tenté ailleurs la peinture murale dans d'autres conditions qui, à notre avis, sont loin d'offrir les mêmes avantages que la peinture à fresque. Les peintures de la Madeleine sont exécutées à la cire par le même procédé, ainsi que celles de Saint-Méry et de Saint-Severin. Les œuvres dont nous avons à parler aujourd'hui appartiennent à la même classe. Quelle que soit notre estime, notre admiration pour ces œuvres qui se recommandent par des qualités si éclatantes et si diverses, nous regrettons sincèrement que les architectes chargés de préparer les murailles où MM. Delacroix et Flandrin devaient écrire leur pensée ne leur aient pas offert l'occasion de peindre à fresque. La coupole peinte par M. Delacroix à la bibliothèque de la chambre des pairs appartient à l'art monumental par le caractère de la composition : mais elle se compose de plusieurs fragments exécutés sur toile et réunis sur place. Lors même que M. Delacroix eût voulu adopter un autre parti, peut-être eût-il été forcé d'y renoncer, car M. Gisors, en agrandissant la chambre des pairs, ne semble pas avoir pensé à la peinture. Il a distribué la lumière de telle sorte, qu'il eût été à peu près impossible de peindre sur place ce que M. Delacroix a si heureusement peint dans son atelier. Quant à M. Flandrin, il avait à sa disposition deux murailles parfaitement éclairées ; M. Baltard pouvait lui offrir l'occasion de peindre à fresque ; il a mieux aimé piquer la pierre et la recouvrir d'une couche de stuc. Malgré le succès très légitime obtenu par M. Flandrin, nous persistons à penser que la fresque eût été préférable, et nous croyons que la peinture à la cire, bien qu'exempte des reflets de la peinture à l'huile, atteint difficilement le calme et la sérénité qui font de la fresque la forme la plus parfaite de la peinture monumentale.

Ce qu'il y a d'excellent dans la peinture murale, c'est qu'elle donne à celui qui la pratique une gravité, une élévation qu'il n'eût peut-être jamais rencontrée en peignant des tableaux isolés qui peuvent à chaque instant changer de place et de jour. A proprement parler, la peinture murale doit être considérée comme un moyen d'éducation pour le peintre qui s'en occupe, et l'on peut affirmer sans crainte que tous ceux qui se sont livrés à cette branche de l'art, lorsqu'ils s'y étaient préparés par des études suffisantes, ont été étonnés de leurs progrès et ont trouvé dans cette application de leur savoir des ressources inattendues. Il est inutile d'insister sur la nécessité des études préliminaires. Il est évident que, pour aborder la peinture murale, il faut avoir vécu familièrement avec les maîtres de l'école italienne, car ces maîtres illustres peuvent seuls nous initier au vrai style de l'art monumental. Il y a dans les autres écoles des mérites que nous apprécions pleinement, pour lesquels nous professons une admiration sincère. Cependant, lorsqu'il s'agit de peinture murale, nous croyons qu'il vaut mieux consulter Raphaël ou Titien que Rubens, Velasquez ou Albert Durer.

M. Delacroix, qui a souvent montré pour l'école flamande autant de passion que pour l'école vénitienne, a eu le bon goût, en peignant sa coupole, de préférer les enseignements de cette dernière école. Étant données les études qu'il a faites depuis vingt ans, il ne pouvait choisir plus heureusement. En essayant de suivre les préceptes de l'école romaine ou de l'école florentine, il eût peut-être surpris l'approbation de quelques juges systématiques, mais il eût fait violence à toutes ses habitudes, et n'eût pas conservé l'indépendance et la franchise qui forment la meilleure partie de son talent. Il n'a pas été moins heureux dans le choix du sujet. Il doit à *la Divine Comédie* son premier succès. Il y a vingt-quatre ans, il a débuté avec éclat en nous montrant Dante et Virgile, et cette toile est aujourd'hui un des ornements de la galerie du Luxembourg. M. Delacroix, guidé sans doute par la reconnaissance, a cherché dans *la Divine Comédie* le sujet d'une nouvelle composition, et sa pensée s'est arrêtée sur le quatrième chant de *l'Enfer*. Dante conduit par Virgile pénètre dans une vallée où se trouvent réunis les poètes, les philosophes et les guerriers les plus illustres de l'antiquité. Cette donnée convient parfaitement à l'art monumental. Elle se recommande à la fois par la grandeur et par la simplicité. M. Delacroix eût trouvé sans peine dans *la Divine Comédie* plus d'une scène tragique. Il a compris que de pareilles scènes ne conviennent pas à la décoration d'une bibliothèque, et, malgré sa prédilection habituelle pour les compositions dramatiques, il a préféré avec une rare clairvoyance le quatrième chant de *l'Enfer*. Nous croyons qu'il eût été difficile de faire un choix plus heureux. Le groupe des poètes, le groupe des philosophes, le groupe des guerriers, offrent en effet une variété de types qui se prête merveilleusement à la décoration d'une coupole.

Il y a quelques années, nous avons parlé des peintures exécutées par M. Delacroix dans le *Salon du Roi*, à la chambre des députés, et nous avons loué, comme nous le devions, les rares qualités qui recommandent ce beau travail. Aujourd'hui nous sommes heureux de pouvoir signaler dans la coupole de la chambre des pairs un progrès éclatant. L'élégance et l'harmonie qui distinguent cette nouvelle composition lui concilieront de nombreux suffrages. L'auteur a su triompher habilement des difficultés que lui opposait la distribution de la lumière.

La nouvelle composition de M. Delacroix s'explique d'elle-même avec une clarté qui se rencontre assez rarement dans les travaux de cette importance : la plupart des personnages qui figurent dans cette coupole sont empruntés au quatrième chant de *l'Enfer*, et placés selon l'ordre indiqué par le poète florentin. Le peintre a cru pouvoir ajouter à cette lite glorieuse quelques noms omis dans *la Divine Comédie*, et je suis loin de vouloir lui chercher querelle sur la valeur des noms qu'il a choisis. Sans doute, en se plaçant au point de vue catholique, en tenant compte surtout de l'état des croyances au XIXe siècle, on pourrait demander comment Aspasie et Sapho se trouvent traitées par la volonté divine comme Aristote et Platon, comment une vie terminée par le suicide peut être jugée par la souveraine sagesse comme une vie consacrée aux plus hautes spéculations de la philosophie ; mais je ne veux pas m'arrêter à ces questions qui relèvent plutôt de la théologie que de la critique proprement dite. Sans vouloir en contester la gravité, je ne crois pas qu'elles puissent être formulées dans toute leur rigueur à propos de la composition que nous avons à juger. M. Delacroix a consulté sa fantaisie plutôt que les docteurs de l'église, et vraiment je ne saurais le blâmer. Je laisse aux conciles futurs le soin de discerner la part d'erreur et la part de vérité qui se rencontrent dans cette coupole, et je me contente d'admirer la grandeur, la simplicité, l'élégance et la grâce qu'il a su donner aux différents personnages de sa composition. Le poète florentin, tel qu'il nous l'a montré, ressemble au type populaire depuis longtemps. Je crois toutefois que M. Delacroix aurait bien fait de ne pas s'en tenir exclusivement à ce type consacré, dont l'authenticité est d'ailleurs fort contestable, et qu'il aurait pu tirer parti du portrait retrouvé, il y a quelques années, sous une couche de chaux, dans une prison de Florence. Ce dernier portrait, peint par Giotto, est antérieur, je le sais, à la composition de *la Divine Comédie*. Il eût donc été nécessaire de lui donner quelques années de plus ; mais il possède une beauté qu'on chercherait vainement dans le masque désigné vulgairement sous le nom de l'Alighieri. Malgré ces réserves, je ne songe pas à nier le charme sévère que M. Delacroix a su donner au poète florentin. Peut-être a-t-il craint de dérouter la plupart des spectateurs en profitant du document nouveau dont je parlais tout à l'heure ; peut-être a-t-il volontairement négligé cette découverte de l'érudition moderne, afin d'écrire plus lisiblement le nom du sublime visionnaire. Cependant le portrait attribué à Giotto est connu par la gravure, et, pour quelques-uns du moins, n'eût pas été une figure absolument nouvelle. Quant au Virgile qui précède et guide le poète florentin, il reproduit assez fidèlement le buste placé dans le musée du Capitole, et s'accorde très bien avec l'idée qu'on peut se former du poète romain par la lecture de ses ouvrages. Il y a dans son visage un mélange de grâce et de sévérité qui reproduit clairement le caractère de son génie. Le groupe des poètes à qui Virgile présente l'amant de Béatrix n'est pas conçu avec moins de bonheur. Le visage d'Homère respire une majesté divine. Peut-être serait-il permis de souhaiter, dans la draperie de ce personnage, un peu plus de fermeté ; mais il est impossible de ne pas contempler avec plaisir son regard rayonnant et sa bouche frémissante. Horace, désigné par Dante sous le nom de satirique, a été reproduit par M. Delacroix selon la pensée de *la Divine Comédie*. Les satires et les épîtres d'Horace sont en effet la partie la plus originale de son génie, et le peintre a bien fait d'accepter le jugement prononcé par le poète. Ovide et Lucain sont nommés dans *la Divine Comédie* sans aucune qualification spéciale. Le peintre avait donc toute liberté pour caractériser, selon sa pensée, la physionomie de ces deux personnages. En interprétant les portraits consacrés par la tradition d'après les renseignements que nous possédons sur la vie d'Ovide et de Lucain, il a su créer deux types empreints d'une véritable individualité, qui n'ont rien de vulgaire, rien d'emphatique, et qui soutiennent dignement la comparaison avec l'Homère et l'Horace dont nous venons de parler. Il y a sur ces quatre visages une curiosité sérieuse dont l'expression varie selon les types qui personnifient l'épopée grecque, la satire, la poésie politique, et l'élégie voluptueuse des Romains.

Le groupe des philosophes placé derrière le groupe des poètes ne fait pas moins d'honneur à l'imagination et au talent de M. Delacroix. Socrate, Platon, Aristote, sont nettement caractérisés, et leur attitude, aussi bien que leur visage, exprime clairement la région qu'habite leur pensée. La grâce un peu efféminée de l'auteur du *Phédon*, la sévérité dogmatique du créateur de la logique, la bonhomie railleuse de Socrate ; toutes ces qualités si diverses ont été indiquées par M. Delacroix avec une précision que je ne me lasse pas d'admirer.

Achille, Alexandre, Alcibiade, Aspasie, méritent les mêmes éloges. Dans ces figures, comme dans les précédentes, l'auteur a trouvé le secret d'être jeune sans mentir à la tradition. Homère appelait Achille, comme Aristote appelait Alexandre, comme Socrate appelait Alcibiade et Aspasie. Nous aurions donc mauvaise grâce à chicaner M. Delacroix sur la tolérance et la générosité qu'il a cru devoir montrer. Les types d'Achille et d'Alexandre ont été si souvent traités par la peinture impériale, qu'il y avait quelque témérité à essayer de les rajeunir ; mais le succès absout les plus hardies tentatives, et M. Delacroix a réussi. Son Achille et son Alexandre n'ont rien d'académique. Leur physionomie mâle et sévère respire l'héroïsme et le courage, sans avoir rien de commun avec les têtes vulgaires désignées sous ces noms glorieux. L'Alcibiade offre un mélange attrayant d'intelligence et de mollesse. Toutes les qualités que je viens d'énumérer sont traduites par le pinceau avec une clarté, une évidence, que la parole surpasserait difficilement. Cependant, je l'avouerai sans hésitation, je préfère à l'ami de Patrocle, à l'élève d'Aristote, à l'élève de Socrate, la figure d'Aspasie. Il y a dans le visage, dans l'attitude, dans la draperie de cette figure, une grâce, une élégance, une finesse, une majesté, dont aucune parole ne saurait donner une image fidèle. A mon avis, M. Delacroix n'a jamais rien fait qui se puisse comparer à ce personnage. La tête légèrement inclinée sur l'épaule, le corps enveloppé dans la draperie dont chaque pli exprime le mouvement et la forme, l'attitude pleine à la fois de mollesse et de modestie, tout se réunit pour enchanter le regard et ravir la pensée. La main ramenée sur la draperie se détache avec une vigueur, un éclat qui ferait envie aux maîtres les plus habiles. Si les additions faites par M. Delacroix au quatrième chant de *l'Enfer* avaient besoin d'être justifiées, cette figure d'Aspasie suffirait à sa défense. Il n'a jamais été mieux inspiré qu'en créant ce beau corps dont les mouvements semblent réglés par une musique divine, qu'en modelant ces lèvres vermeilles dont le frémissement exprime à la fois le génie et la volupté. Puisque Camille et Lavinie, nommées par le poète florentin, ne parlaient pas à son imagination aussi vivement qu'Aspasie, il a bien fait d'ajouter à ce groupe de philosophes et de héros la femme illustre dont Socrate ne dédaignait pas les leçons, et qui sut fixer le cœur de Périclès.

Ce qui caractérise la nouvelle composition de M. Delacroix, c'est l'union à peu prés constante de l'élégance et du mouvement. Dans les œuvres nombreuses qu'il nous a données depuis ses premiers débuts, nous avons trop souvent regretté de voir l'élégance sacrifiée au mouvement. Toutefois la nature généralement dramatique des sujets choisis par M. Delacroix expliquait sans le justifier le sacrifice dont nous parlons. En étudiant le *Massacre de Scio*, le *Meurtre de l'évêque de Liège*, on pouvait se sentir blessé par la forme incorrecte ou inachevée des personnages ; mais le mouvement, l'énergie, la vie, disposaient le spectacle à l'indulgence. Le sujet que M. Delacroix a traité dans la coupole de la chambre des pairs n'ayant pas, à proprement parler, de caractère dramatique, plaçait l'auteur dans une condition plus difficile. Ici l'élégance était une nécessité absolue. Les formes incorrectes ou inachevées auraient offensé tous les regards. L'œuvre étant, par sa nature même, destinée à produire une impression plus calme et plus douce, la pensée n'étant pas distraite de l'étude des formes par l'énergie des sentiments exprimés, l'œil devait fatalement se montrer plus sévère. M. Delacroix l'a parfaitement compris, et il s'est mis en mesure de faire face à ces nouvelles exigences. Il ne s'est pas montré moins riche, moins varié que dans ses œuvres précédentes, il n'a pas donné à ses figures moins de vie et de mouvement ; mais il a su presque toujours concilier l'élégance et la vie. Il y aurait d'ailleurs de l'injustice à louer chez lui cette alliance précieuse comme une qualité absolument nouvelle. Sa *Médée*, qui obtint il y a quelques années un si légitime succès, réunissait heureusement la grâce et l'énergie. Je veux dire seulement que jusqu'ici il n'avait pas encore résolu ce problème difficile d'une manière aussi éclatante. La décoration ingénieuse du Salon du Roi, où. M. Delacroix a si habilement montré toutes les ressources de son imagination, toutes les ruses de son pinceau, n'a pas à nos yeux la même importance que la coupole du Luxembourg. Cette décoration se compose en effet d'une série de figures, mais n'offre pas à la pensée un véritable poème. Et puis, nous devons le dire, M. Joly s'est montré plus généreux que M. Gisors envers la peinture. Il n'a pas compté d'une main aussi avare les rayons de lumière. Toutes les figures du Salon du Roi se voient facilement, et l'auteur, pour les éclairer, n'a pas eu besoin de recourir à des artifices multipliés. Dans la coupole du Luxembourg, le triomphe remporté par M. Delacroix sur l'avarice de M. Gisors peut être considéré comme un véritable tour de force. Le peintre a été en quelque sorte obligé de créer la lumière dont il avait besoin pour éclairer ses figures. Il a dû chercher dans le ton des draperies, dans la nuance du ciel, les rayons que l'architecte lui avait refusés. La lutte a été laborieuse, mais le peintre est sorti vainqueur de ce combat acharné : il a métamorphosé l'ombre en lumière, et nos yeux peuvent suivre tous les développements de sa pensée.

Quoique M. Delacroix ait conquis depuis longtemps l'estime et la sympathie des connaisseurs, cependant il ne jouit pas encore de la popularité que mérite son talent. Est-ce de la part du public indifférence ou injustice ? Je suis loin de le penser. Le public pris en masse n'est certainement pas très éclairé, mais il est assez généralement disposé à l'impartialité. Il ne se préoccupe guère de la prééminence de telle ou telle école, il ne s'inquiète pas de savoir si en fait de peinture l'Italie a le pas sur l'Espagne ou la Flandre. Ces questions de pure érudition n'arrivent pas jusqu'à lui, on plutôt il ne prend pas le temps de s'élever jusqu'à ces questions. Il demande avant tout l'émotion et le plaisir. M. Delacroix l'a souvent ému et charmé : il semble donc que la sympathie publique doive être acquise depuis longtemps au talent de M. Delacroix ; mais la multitude, pour se passionner, pour faire d'un nom nouveau un nom populaire, veut quelque chose de plus que l'émotion et le plaisir. Elle veut être émue et charmée à plusieurs reprises de la même manière. C'est à cette condition seulement que le talent peut obtenir la popularité. Or, depuis vingt ans, dans son ardeur de bien faire, dans son désir constant de faire de mieux en mieux, Ml. Delacroix a tenté des voies si nombreuses et si variées, il s'est imposé volontairement tant de métamorphoses, il s'est présenté au public sous des aspects si divers et si multipliés, que la foule n'a pas eu le temps de s'habituer à sa manière. Avec la moitié du talent et de l'imagination qu'il a dépensés depuis vingt ans, il aurait pu se faire un nom populaire, s'il eût voulu persévérer dans une voie déterminée. Les tentatives nombreuses et souvent inattendues auxquelles il s'est condamné pour réaliser son idéal ont dû plus d'une fois dérouter la foule, et c'est en effet ce qui est arrivé. M. Delacroix semblait se chercher lui-même ; il n'est donc pas étonnant que le public ait plus d'une fois perdu sa trace. La foule n'était ni injuste ni indifférente : elle attendait.

Aujourd'hui M. Delacroix semble préférer d'une façon définitive le style de l'école vénitienne. La coupole du Luxembourg rappelle en maint endroit la manière de Paul Véronèse. Nous conseillons à M. Delacroix de marcher désormais dans cette voie. Entre toutes les écoles qu'il a interrogées jusqu'ici, aucune ne convient à son imagination, à ses facultés, à son talent, comme l'école vénitienne. Qu'il s'en tienne donc aux enseignements de cette dernière école, et qu'il n'use plus ses faces en de nouvelles tentatives. Il a trouvé sa voie, qu'il chemine d'un pas ferme et ne regarde plus en arrière. Mais, malgré la richesse de notre musée, qu'il ne croît pas connaître à fond l'école vénitienne sans sortir de Paris. Il y a au Louvre des toiles admirables de Titien et de Véronèse, dont l'étude attentive lui a révélé bien des secrets. Toutefois qu'il ne s'abuse pas sur l'étendue et la valeur de son savoir. Tant qu'il n'aura pas étudié l'école vénitienne à Venise, tant qu'il n'aura pas vu les fresques de Titien au couvent de Saint-Antoine de Padoue, qu'il n'espère pas posséder pleinement les ressources du style vénitien. C'est là seulement qu'il apprendra jusqu'où peut aller le prestige de la couleur. Padoue lui dira le dernier mot de Titien. Dans l'église de Saint-Sébastien, à Venise, il découvrira chez Paul Véronèse une grâce, une finesse, une pureté, dont *les Noces de Cana* ne peuvent donner l'idée. En visitant dans la même matinée la galerie de l'Académie et l'école de Saint-Roch, il embrassera dans la pensée le cercle entier parcouru par le talent de Tintoret ; dans la galerie de l'Académie, il le verra vraiment grand, hardi et savant ; à Saint-Roch, il le contemplera dans la stérilité de son abondance. Il mesurera d'un œil effrayé l'abîme qui sépare la fierté de la présomption.

Puisque M. Delacroix est assez heureux pour consacrer son pinceau à des travaux de peinture monumentale, il ne peut se dispenser d'aller à Venise. Rome et Florence lui donneraient de grandes joies, mais ne lui offriraient pas d'enseignements d'une application immédiate. C'est à Venise qu'il trouvera pleinement réalisés les plus beaux rêves de ses nuits inquiètes. Quand il aura contemplé Titien, Paul Véronèse, Tintoret, dans toute leur puissance ; quand il aura vu à Saint-Zacharie Jean Belin émule de son meilleur élève, il nous reviendra plus ardent et plus sûr de lui-même. En étudiant les œuvres de ces maîtres, qui conviennent si bien à la nature de son talent, il comprendra plus nettement vers quel but il doit marcher, et, si sa bonne étoile lui donne à peindre quelque nouveau chant de *la Divine Comédie*, il accomplira sa tâche avec une puissance dont il sera lui-même étonné.

M. Hippolyte Flandrin s'était déjà essayé dans la peinture monumentale à Saint-Severin, et nous avons retrouvé avec plaisir, dans la chapelle qu'il a décorée, le savoir et l'habileté dont il avait donné des preuves éclatantes dès ses premiers débuts ; mais nous regrettions de trouver dans la chapelle de Saint-Severin une absence à peu près complète d'originalité. Le saint Jean de la Cène peinte par M. Hippolyte Flandrin est en effet copié à peu près littéralement sur le saint Jean de la Cène de Giotto à San-Miniato. Et puis, s'il faut dire toute notre pensée, la chapelle de Saint-Severin n'est pas seulement dépourvue d'originalité, elle est aussi dépourvue de grandeur. Malgré le soin avec lequel il a orné sa mémoire et garni ses cartons, l'auteur a donné à la plupart de ses personnages un caractère qui n'a rien à démêler avec l'idéal. Dans ses peintures de Saint-Germain-des-Prés, M. Hippolyte Flandrin a trouvé le secret d'agrandir sa manière en donnant à l'exécution des morceaux plus de précision et de sévérité. Il s'est montré savant sans ostentation ; il n'a pas fait parade de son habileté. Sur les deux murailles livrées à son pinceau, il a écrit deux grandes compositions : l'entrée de Jésus-Christ à Jérusalem et Jésus-Christ portant sa croix. De ces deux compositions, la meilleure à notre avis est l'entrée de Jésus-Christ à Jérusalem. Le parti adopté par l'auteur pour le fond de ces deux peintures donne à la silhouette des personnages quelque chose de sculptural qui peut-être ne plaira pas d'abord, mais que je ne saurais blâmer. Ces peintures sont exécutées sur fond d'or comme les œuvres de l'école byzantine :

il n'y a pas de ciel au-dessus des personnages ; mais la composition, pour être moins réelle, n'en est pas moins claire. Je crois donc que M. Flandrin a bien fait d'adopter ce parti. D'ailleurs, hâtons-nous de le dire, dans les peintures de Saint-Germain-des-Prés, il n'y a de byzantin que le fond d'or. L'auteur, éclairé par un goût sûr, a compris que l'archaïsme appliqué aux arts du dessin n'est pas moins puéril que dans les compositions littéraires. Ayant à traiter deux sujets qui ont souvent exercé le talent des peintres byzantins, il s'est abstenu sagement d'imiter le style de ces maîtres primitifs. Il n'a pas cru non plus pouvoir imiter le style des maîtres florentins du XIVe siècle. Il a pris ses modèles dans l'époque la plus florissante de l'école romaine. Il s'est efforcé courageusement de reproduire, autant qu'il était en lui, le style large et sévère des fresques du Vatican. En traitant deux sujets catholiques selon la manière de l'école romaine au commencement du XVIe siècle, il n'a pas redouté le reproche de paganisme, et, selon nous, c'est de sa part une preuve de bon sens. Il y a aujourd'hui des peintres qui, ne comprenant pas la véritable signification de l'histoire, n'hésitent pas à voir dans Raphaël un type de corruption, et croient à la nécessité impérieuse de traiter tous les sujets catholiques d'après le conseil exclusif de Giotto et de Fra-Angelico. C'est un enfantillage qui ne mérite pas d'être discuté. S'il s'agit en effet du sentiment qui anime les compositions de ces deux maîtres illustres, rien de mieux que de les prendre pour modèles ; mais, si l'on prétend établir en maxime que le dessin, tel que le pratiquaient Giotto et Fra Angelico, est ce qu'il doit être, et qu'on ne saurait l'altérer, le modifier sans profanation, il ne faut pas perdre son temps et ses paroles à réfuter de pareilles hallucinations. Giotto est à Raphaël ce que Palestrina est à Beethoven. Dire que Raphaël a corrompu le goût inauguré par Giotto, ou dire que Beethoven a eu tort de ne pas s'en tenir aux accords et aux modulations connus de Palestrina, c'est une seule et même chose. Il suffit d'énoncer de pareilles propositions pour en faire justice. M. Hippolyte Flandrin a voulu concilier le sentiment catholique de Giotto avec la science païenne de Raphaël. C'est là une tentative que nous approuvons hautement. Jusqu'à quel point a-t-il réussi ? Telle est la question qui se présente naturellement, et, s'il ne nous est pas donné de la résoudre avec une rigueur absolue, au moins essaierons-nous de présenter une solution approximative. Dans la composition qui a pour sujet l'entrée de Jésus-Christ à Jérusalem, les figures du Sauveur et de ses disciples sont traitées avec une rare intelligence. L'expression de mansuétude qui règne sur le visage du Christ, le mélange de soumission et de joie qui caractérise les apôtres, révèlent chez M. Flandrin l'étude approfondie et la connaissance complète des conditions qui il avait à remplir. Cette partie de la scène mérite les plus grands éloges. La foule qui accueille avec une joie respectueuse l'arrivée du Sauveur offre un ensemble varié d'épisodes bien conçus. Peut-être serait-il permis de souhaiter, dans le dessin des femmes et des enfants, un peu plus d'élégance et de grâce. Les femmes me paraissent avoir une énergie un peu virile, et les enfants ne perdraient rien à ressembler un peu moins à des athlètes en miniature. L'architecture, qui rappelle des compositions chrétiennes de Raphaël et du Poussin, pourra bien ne pas sembler assez orientale aux hommes du métier ; mais je l'avouerai franchement, je ne saurais voir là un grave sujet de reproche. Sans méconnaître l'importance de la vérité historique dans les compositions poétiques, je crois qu'il faut s'attacher surtout à la vérité humaine, à la vérité qui est de tous les temps et de tous les lieux. Or, dans l'œuvre que j'analyse, il me semble que M. Flandrin a merveilleusement compris et très habilement rendu les sentiments qui ont dû animer les personnages de cette scène.

Au-dessus de cette vaste composition, M. Flandrin a placé les trois vertus théologales : la foi, l'espérance et la charité ; et, comme les divisions de l'architecture exigeaient une quatrième figure, il a dû se résigner à grossir la liste des vertus théologales en y ajoutant l'humilité. Quelle que soit la hardiesse de cette création inattendue, nous n'avons pas à nous en occuper. Contentons-nous de dire que ces quatre figures expriment très bien, très nettement, avec une exquise élégance, la pensée de l'auteur. Les têtes sont graves sans emphase, les draperies bien ajustées, et l'expression des physionomies offre une heureuse variété. Au-dessus des vertus théologales se trouvent trois portraits choisis parmi les souverains qui ont contribué à la fondation de l'abbaye, ou qui l'ont enrichie. La figure placée à la droite du spectateur est celle d'une jeune reine, qui, selon l'usage consacré par les artistes du moyen-âge, porte dans sa main le modèle de l'église. Il y a, dans cette gracieuse figure, un charme, une sérénité, un calme angélique. Ses grands yeux noirs ombragés de longs cils, l'ovale de son visage encadré par deux nattes qui se relèvent au-dessus de l'oreille, son beau front où se réfléchit la paix profonde de son âme, sa taille fine et souple comme un roseau, la draperie ample et majestueuse qui enveloppe son beau corps, tout concourt à l'effet de cette délicieuse figure. Il est impossible de la contempler sans l'aimer, sans y rêver longtemps. C'est à mon avis un des types les plus parfaits que la peinture puisse offrir à la pensée. Jusqu'à présent, M.

Flandrin n'avait rien produit encore qui nous permît d'espérer une si charmante création. La figure de saint Germain, placée au sommet de cette muraille, est bien conçue, mais n'est peut-être pas rendue avec toute la précision que nous pourrions souhaiter. Le raccourci des cuisses ne me semble pas assez nettement accusé. Le saint est assis, et la manière dont le vêtement est disposé ne permet pas de comprendre assez clairement la forme du modèle. Je veux croire que le costume choisi par M. Flandrin est d'une exactitude littérale ; mais je préférerais de grand cœur que le peintre eût un peu triché pour donner à la figure plus d'élégance. Le saint Germain dont je parle ressemble trop aux portraits que nous a laissés l'art gothique. Cela peut être parfaitement vrai, je ne le conteste pas ; j'aimerais mieux pourtant une vérité moins scrupuleuse, et en revanche un peu plus de beauté.

Jésus portant sa croix offrait à M. Flandrin de plus graves difficultés que l'*Entrée de Jésus à Jérusalem*, et ne s'accordait pas aussi bien avec la nature de son talent. Cette scène en effet, l'une des plus belles que la peinture puisse se proposer, exige une énergie, une puissance dramatique que M. Flandrin ne paraît pas posséder. Nous ne pouvons le juger que d'après ses œuvres ; quant aux facultés qu'il n'a pas eu l'occasion de révéler, elles sont pour nous comme non avenues, et il nous est défendu d'en tenir compte. Or, jusqu'ici il n'a pas prouvé qu'il fût capable d'inventer une composition vraiment dramatique dans l'acception la plus vivante de ce mot, et la manière dont il vient de nous représenter Jésus portant sa croix nous confirme dans l'opinion que nous avions sur la nature générale de son talent. Je lui sais bon gré d'avoir évité avec soin tout ce qui pouvait rappeler l'admirable *Spasimo* de Raphaël ; mais, en fuyant l'imitation, il n'a pas rencontré l'originalité. Le personnage principal, Jésus, laisse beaucoup à désirer ; la tête exprime trop exclusivement la douleur, et le spectateur cherche vainement sur le visage divin l'enthousiasme et la résignation qui donnent au sacrifice accompli sur le Golgotha un caractère surnaturel. Ce n'est pas tout : les plis droits et symétriques du vêtement ne traduisent pas la forme du corps, ce qui est un défaut très grave dans les compositions chrétiennes aussi bien que dans les compositions païennes. Une partie de ces critiques s'applique également au second personnage, à la vierge Marie. Le visage de la vierge-mère est assurément très supérieur, sous le rapport de l'expression, au visage de Jésus ; mais le vêtement ne laisse pas deviner assez clairement la forme du corps. Ici, je le sais, il fallait craindre, en donnant à l'étoffe trop de souplesse, d'imprimer à la figure de la Vierge un caractère de beauté païenne. Toutefois je pense qu'il eût été possible d'éviter cet écueil sans effacer, comme l'a fait M. Flandrin, la forme des cuisses, du ventre et des hanches. L'expression du saint Jean est ce qu'elle devait être. Les soldats romains qui escortent le condamné offrent le type d'insensibilité qui convient a de tels personnages ; malheureusement la foule qui les suit ne présente pas une assez grande variété de physionomies. Je comprends les formes vulgaires données par M. Flandrin aux deux larrons qui précèdent Jésus ; mais pourquoi ces formes se reproduisent-elles avec une désespérante uniformité dans la foule qui les accompagne ? A cette question, je ne crois pas qu'il soit possible de faire une réponse victorieuse, une réponse qui impose silence à la critique. Il y a certainement dans l'ensemble de cette composition beaucoup de savoir et d'habileté ; mais, pour donner aux physionomies l'individualité, la variété qui leur manquent, le savoir et l'habileté ne suffisaient pas.

Au-dessus de *Jésus portant sa croix*, M. Flandrin a placé les vertus morales : la force, la justice, la prudence. Pour obéir aux divisions de l'architecture, il a dû ajouter la figure de la clémence. Toutes ces vertus, ou, si l'on veut, toutes ces idées, sont très nettement caractérisées. Les draperies sont ajustées avec une rare élégance, les attitudes bien choisies. On sent dans chacune de ces figures la main et la pensée d'un homme qui a longtemps étudié au Vatican. C'est de la bonne peinture simple et savante. Les trois figures de rois placées au-dessus des vertus morales ne donnent lieu à aucune remarque spéciale. Comme elles n'inspirent pas par elles-mêmes un bien vif intérêt, et qu'elles s'adressent plutôt à l'érudition qu'à la pensée proprement dite, il serait superflu de s'arrêter à les étudier. L'exécution en est harmonieuse et se relie très bien à l'ensemble de la décoration. Je crois donc que M. Flandrin en a tiré tout le parti que nous pouvions souhaiter. Quant à la figure de saint Vincent qui occupe le sommet de cette muraille, non-seulement elle est très supérieure au saint Germain dont je parlais tout à l'heure, mais encore, sous le double rapport de la conception et de l'exécution, c'est à mon avis un morceau d'une importance capitale. Le costume du personnage se prête heureusement à l'emploi de toutes les ressources de la peinture. Simplicité, majesté, souplesse, tout se trouve réuni dans le vêtement de saint Vincent. Le raccourci des cuisses est parfaitement senti, les lois de la perspective n'ont rien à désirer. En voyant l'admirable parti que l'auteur a tiré de cette figure, je me demande comment il a pu traiter d'une façon à mon avis si incomplète la draperie du Christ et de la Vierge. Ce n'est pas moi qui le condamne, c'est lui qui fournit à la critique un témoignage irrécusable contre lui-même. D'après ce qu'il a fait, nous comprenons clairement ce qu'il aurait pu, ce qu'il aurait dû faire. Pour juger les figures de Jésus et de la Vierge, il suffit de regarder le saint Vincent.

Malgré toutes nos réserves, les peintures que nous venons d'analyser offrent un ensemble très satisfaisant, et nous désirons vivement que M. Flandrin entreprenne bientôt la décoration des galeries que lui a confiées le conseil municipal ; cependant cette décoration n'ajoutera rien à la valeur des compositions aujourd'hui terminées. Il serait donc raisonnable de les découvrir définitivement. Jusqu'à présent, je ne sais pourquoi elles n'ont été montrées au public que le jour de la Pentecôte, le jour de la Fête-Dieu et le dimanche suivant. M. Flandrin, s'il est bien conseillé, enlèvera le rideau qui masque ses peintures. Il a fait un ouvrage recommandable qui réunira certainement de nombreux suffrages. Qu'il le montre donc dès aujourd'hui, et que chacun, en l'étudiant, finisse mesurer l'intervalle qui sépare les peintures de Saint-Germain-des-Prés des peintures de Saint-Severin.

MM. Delacroix et Flandrin viennent de répondre victorieusement aux détracteurs de l'école française. On allait répétant partout qu'elle n'avait plus d'autre souci que de plaire à la bourgeoisie, qu'elle renonçait aux grands travaux, et avait perdu le sens de la tradition italienne. M. Delacroix, en se rattachant à l'école de Venise, M. Flandrin, en consultant l'école romaine, ont réduit à leur juste valeur toutes ces banales déclamations. Depuis longtemps l'école française n'avait rien produit d'aussi important, et c'était pour la critique un devoir impérieux d'appeler l'attention sur ces artistes dévoués et persévérants. Si, en parlant des ouvrages envoyés au Louvre, nous avons dû, pour demeurer fidèle à la vérité, mesurer l'éloge d'une main avare, nous sommes heureux aujourd'hui de pouvoir, sans mentir à notre conscience, louer MM. Delacroix et Flandrin. Pourquoi faut-il qu'une pareille occasion se présente si rarement ? Non-seulement ils ont fait preuve de talent, mais encore ils ont fait preuve d'un rare bon sens. Chacun d'eux a choisi avec une clairvoyance, avec une fermeté qui l'honore, le modèle qui s'accorde le mieux avec la nature de ses facultés. M. Delacroix n'a pas essayé de se faire florentin ou romain ; M. Flandrin n'a pas tenté de lutter avec les coloristes de Venise ; ils ont compris tous deux que ce serait folie de vouloir combattre l'instinct de leur talent. Sans doute, il serait permis de souhaiter chez M. Delacroix un dessin plus sévère, chez M. Flandrin une couleur plus éclatante ; mais la vraie manière de les juger, c'est de les étudier en se plaçant à leur point de vue. Procéder autrement, c'est se condamner à ne pas jouir de leurs œuvres, à ne pas comprendre ce qu'ils ont voulu faire. Nous avons tâché, en étudiant la coupole du Luxembourg et les peintures de Saint-Germain-des-Prés. de mettre en pratique le principe de tolérance que nous recommandons aujourd'hui. S'il nous est arrivé de nous méprendre sur les intentions de MM. Delacroix et Flandrin, nous n'avons jamais été aveuglé par notre antipathie contre les doctrines qu'ils professent. Au nom de Rome, nous n'avons pas lancé l'anathème contre Venise ; au nom de Venise, nous n'avons pas déclaré la guerre à l'école romaine. Nous avons accueilli avec le même empressement, avec la même impartialité, la tradition romaine et la tradition vénitienne. Aux yeux des hommes exclusifs, nous passerons peut-être pour un critique sans foi ; mais cette accusation nous émeut médiocrement. En nous montrant tolérant, nous croyons défendre la cause de la justice, et cette conviction suffit à la paix de notre conscience.

Seconde partie

TRAVAUX DE M. H. FLANDRIN A L'ÉGLISE SAINT-PAUL DE NÎMES.

N'est-ce pas un bonheur et un devoir, au milieu des inquiétudes qui nous pressent, de maintenir les droits de l'art, d'en garder pieusement le culte, et de poursuivre le beau avec un nouvel amour, lorsque tant de sombres images enveloppent et menacent la civilisation effrayée ? Remercions les talents supérieurs restés fidèles à l'inspiration, et qui, sans refuser de prendre part aux émotions et aux dangers de la patrie, n'en accomplissent pas moins leur noble tâche à travers les tristesses de l'heure présente. Ne jeter ni sa plume ni son pinceau, continuer de chercher en silence les strophes ailées ou les créations idéales qui élèvent les âmes vers l'éternelle beauté, c'est là un office tout aussi sérieux, c'est un devoir tout aussi utile en ces temps de désordre que bien d'autres fonctions plus bruyantes. A quelle époque avons-nous eu plus besoin de tout ce qui soutient l'âme au-dessus de la matière, de tout ce qui apaise les cœurs et ennoblit l'intelligence ? Au moment où *l'austérité* de nos tribuns voudrait supprimer les merveilles de l'art, il est bien que les artistes ne se lassent pas de charmer et de moraliser le peuple ; on verra mieux de quel côté est le véritable esprit démocratique. Je faisais ces réflexions en visitant à Nîmes cette charmante église Saint-Paul, où un artiste éminent vient d'achever, je ne crains pas de le dire, une des grandes pages de la peinture contemporaine. Quel calme bienfaisant on éprouve à étudier cette belle œuvre ! Quelle sérénité parfaite ! Comme l'esprit se purifie et s'élève ! Comme on déteste plus franchement, dans cette atmosphère de paix, toutes les mauvaises passions qui nous assiègent !

Le maître habile à qui nous devons les peintures de Saint-Germain-des-Prés, M. Hippolyte Flandrin, vient en effet d'ajouter un précieux titre à ceux qui avaient commencé la célébrité de son nom. Chargé de décorer le chœur de l'église Saint-Paul de Nîmes, il a prouvé une fois de plus combien les grandes épreuves de la peinture monumentale profitent à un talent bien doué, et quelle vigueur, quelle maturité, quelles ressources nouvelles, en un mot, doit y déployer une imagination fortement préparée par l'étude. Il y a plusieurs années déjà que des juges éclairés indiquaient cette voie comme la plus féconde. Ils désiraient que les artistes sérieux pussent donner l'essor à toutes leurs facultés dans la méditation d'une œuvre de longue haleine, au lieu de passer trop vite d'une étude à l'autre dans une série de compositions diverses. Ils montraient quel avantage il y a pour le peintre à s'enfermer longtemps au sein d'une œuvre unique, à en chercher le vrai style, et, une fois maître de la forme, à la réaliser sans peine, sans effort, avec le calme sentiment de la puissance, sur toute l'étendue d'un vaste poème. C'est M. Gustave Planche qui, le premier, si je ne me trompe, à l'occasion des travaux de M. Delacroix à l'ancienne chambre des députés, proclamait, il y a douze ans, cette importance de la peinture monumentale, et demandait que l'école française pût y trouver de nouveaux et glorieux développements. Des voix bien autorisées sont venues se joindre à la sienne ; en appréciant ici même avec une distinction parfaite le brillant hémicycle de M. Delaroche à l'École des Beaux-Arts, M. Vitet ajoutait aux raisons dogmatiques l'enseignement de l'histoire ; il citait les exemples de Pérugin à Pérouse, de Raphaël au Vatican, d'André del Sarto à *l'Annunziata* de Florence, de Léonard de Vinci à Milan, et il concluait ainsi : « Puissent donc tous ceux qui, aux divers degrés du pouvoir, ont mission de protéger les arts, comprendre combien il serait utile que tous ces encouragements qu'on éparpille en petites sommes fussent concentrés sur un certain nombre de monuments dont on confierait la décoration tantôt à nos maîtres les plus habiles, tantôt aux jeunes gens de plus haute espérance ! Et ce n'est pas seulement à Paris, c'est par tout le royaume qu'il faudrait en faire l'essai. N'y a-t-il pas en province des églises, des hôtels-de-ville, des tribunaux, dont les murailles pourraient se couvrir soit des scènes sacrées de la religion, soit des hauts faits de notre histoire ? Et ne serait-ce rien, pour enflammer une âme d'artiste, que l'honneur d'une telle mission, et l'espoir de faire une œuvre qui devienne un jour pour toute une ville un sujet d'orgueil et d'illustration ? » Je n'ai pu résister au plaisir de citer ces paroles qui, tracées il y a huit ans, nous servent à marquer nos progrès. Depuis le jour où M. Vitet exprimait ce vœu, les travaux de M. Delacroix au Luxembourg, de M. Ingres à Dampierre, de M. Hippolyte Flandrin à Saint-Germain-des-Prés, ont justifié les espérances que faisait concevoir cette éducation du talent par la peinture murale. Quant aux villes de province, il y en a une qui a dignement répondu à l'appel que je viens de transcrire, c'est celle qui a confié au peintre de Saint-Germain-des-Prés le chœur de l'église Saint-Paul. Célèbre déjà par tant de précieux monuments, la ville de Nîmes ne regrettera pas l'intelligente sollicitude de ses administrateurs ; les peintures de M. Flandrin lui seront bientôt une illustration nouvelle et le plus légitime sujet d'orgueil.

L'église Saint-Paul offrait un large champ à l'imagination du peintre. Les deux nefs latérales, en se prolongeant vers l'extrémité de l'édifice, donnent au chœur un développement plein de variété et de richesse ; elles forment, aux deux côtés du chœur et de l'abside principale, deux galeries élégantes terminées par de petites absides. Le chœur apparaît donc comme divisé en trois parties, et ces parties sont liées entre elles par des arceaux bien ouverts qui permettent d'embrasser presque toute la décoration réservée au peintre par l'architecte. Malheureusement il n'y a pas là une seule muraille dont les dimensions aient fourni à M. Flandrin l'occasion d'une grande scène dramatique, comme à Saint-Germain-des-Prés *le Portement de Croix* et *l'Entrée du Christ à Jérusalem*. Les ouvertures des arceaux et les divisions de l'architecture ne laissaient guère que la grande abside entièrement libre ; dans toutes les autres parties du bâtiment livrées à son pinceau, l'artiste était obligé de placer des figures isolées. Il a sauvé cet inconvénient par la hardiesse d'une composition à la fois simple et savante, qui fait concourir toutes ces figures distinctes à l'expression d'une même pensée, à l'harmonie d'un sujet unique.

Plaçons-nous en face de l'autel. La première chose qui frappe la vue, c'est la grande abside du milieu. C'est aussi là que le peintre a tracé la partie la plus importante et comme la pensée même de son œuvre. Un Christ colossal est assis sur son trône, dans une attitude pleine de grandeur et de calme. La majesté divine éclate dans la sérénité de son front, dans la tendre profondeur de son regard, dans ce mélange de bienveillance et de force qu'exprime si harmonieusement cette belle figure. Ses bras, ouverts sans effort, semblent appeler à lui les humains. Est-ce l'ordre donné par la puissance suprême ? est-ce une invitation de l'amour infini ? C'est l'un et l'autre, c'est la puissance de la bonté. Qui ne se prosternerait devant la bonté ? qui ne serait vaincu par elle ? Regardez : à droite, un roi est comme abîmé aux pieds du Christ ; à gauche, c'est un esclave qui frappe aussi de son front les marches du trône divin. Celui-ci offre ses chaînes, celui-là son sceptre et sa couronne. Le premier et le dernier des mortels, le plus puissant parmi les maîtres du monde et le plus misérable parmi les êtres déshérités, l'un avec ses vêtements de pourpre, l'autre nu et bruni par le soleil, ils sont là tous deux dans la même poussière ; un même niveau courbe leurs, fronts. Avec ces trois figures, avec ce Christ si fort, si doux, et ces deux personnages prosternés, M. Hippolyte Flandrin a écrit sur l'abside de Saint-Paul une composition du premier ordre. Soyez simple, a dit un maître, et vous serez fort. M. Flandrin a prouvé la justesse de cette parole féconde ; il a atteint à la grandeur par la simplicité, et cette grandeur est la seule vraie. L'égalité des hommes devant Dieu ne pouvait être exprimée par des moyens plus simples et produire une impression plus religieuse. Aucun effort, aucune prétention ; en opposant le roi et l'esclave, le peintre ne cherche pas une vaine antithèse, et il évite sans peine, par la sincérité du sentiment, cette emphase déclamatoire qui est l'écueil de la peinture monumentale. Ici, l'on ne songe même pas à ce danger, tant il y a de naturel et de noblesse dans ces savantes lignes, tant on est pénétré par la profonde tendresse de l'expression ! A droite et, à gauche de ce groupe sur lequel tout l'intérêt se concentre, le peintre a placé debout, dans une attitude méditative et calme, les deux grands apôtres du Christ, ceux qui, par des mérites opposés, ont jeté les premiers fondements de son église, Ces deux figures ne servent pas seulement à encadrer avec art la scène que je viens de décrire, elles en complètent naturellement la pensée. De tous les dogmes moraux du christianisme, le plus neuf, le plus original, si je puis ainsi parler, celui qui établit la plus profonde distance entre l'enseignement de Jésus et les trésors de l'antique sagesse, c'est la fraternité de tous les hommes et leurs mêmes devoirs, leur même néant devant le Dieu unique. Cette grande vérité étant exprimée dans la scène qui remplit le milieu de l'abside, il convenait de faire apparaître aux deux extrémités les fondateurs et les gardiens du dogme, saint Pierre avec saint Paul. La gravité de leur maintien imprime encore à tout le tableau un singulier caractère de force ; austères, immobiles, solidement posés sur leurs pieds comme un rocher sur sa base, tout exprime en eux la puissance et présage l'éternelle durée du dogme qui met de niveau tous les humains. Je recommande particulièrement le saint Paul ; la beauté sévère de son visage, la fermeté de son regard, la majestueuse draperie qui enveloppe son corps sans nuire à la liberté de ses mouvements, en font une des meilleures créations du peintre.

Ces cinq figures sont peintes sur un fond d'or ; mais, on le croira sans peine, il n'y a que cela de byzantin dans le chœur de l'église Saint-Paul. M. Flandrin ne pense pas que la peinture religieuse doive reproduire les formes du moyen-âge et renoncer à tous les progrès de l'art moderne. Ce fond d'or qu'il emprunte à la tradition byzantine convient d'ailleurs admirablement à certains sujets religieux exécutés par la peinture murale ; il détache les lignes avec plus de fierté, donne aux figures un caractère de grandeur approprié au monument, et, s'il s'agit surtout d'un symbole abstrait, d'une peinture philosophique et religieuse où la réalité ait moins de part, il est impossible de blâmer ce ciel de convention qui semble transporter les personnages au sein d'une sphère idéale. C'est là tout ce que l'auteur a emprunté aux procédés pittoresques (lu moyen-âge, et aucun juge éclairé ne s'en plaindra. Quant aux formes du dessin, quant à cette peinture enfantine, si gracieuse au XIIIe siècle et si déplaisante au XIXe, M. Flandrin se garde bien de l'imiter. Il ne veut pas, comme une certaine école en France et comme plusieurs peintres de Munich, confondre l'archaïsme avec l'art. Il sait que l'inexpérience candide dont nous sommes charmés dans les *Paradis* de Fra Angelico ne serait qu'un mensonge ridicule chez des hommes à qui les maîtres de la renaissance ont légué tant d'exemples de vérité et de perfection savante. S'il s'efforce, sans doute, de dérober aux artistes des primitives écoles cette tendresse profonde, cet incomparable amour qui nous enchante sous les bizarreries et les imperfections du dessin, il veut toujours que ce sentiment se traduise par des formes belles et vivantes. Marier la grâce naïve du moyen-âge à la beauté souveraine des maîtres modernes, unir l'inspiration du dominicain de Fiesole aux conseils du peintre d'Urbin, telle est l'ambition qui l'anime ; cette tâche mérite bien qu'on y applique une volonté forte et des facultés éminentes.

Il y a cependant un détail par lequel M. Flandrin se rattache encore à la tradition des anciennes écoles d'Italie, c'est lorsqu'il a donné à son Christ des dimensions colossales dans une scène où les autres personnages ne sont pas plus grands que nature. Si le Christ de Saint-Paul de Nîmes se levait de son trône, il aurait dix-sept pieds de haut. Je ne déciderai pas dogmatiquement si un tel système, à le juger d'une manière absolue, doit être accepté ou blâmé ; c'est l'exécution seule, en pareille matière, qui absout ou condamne la hardiesse du peintre. Certes, quand on voit sur les absides des vieilles basiliques italiennes ces grandes figures de Christ souvent si imposantes et si saintes, on ne se demande pas s'il y a là une règle observée ou violée, on est ému, et l'on admire ; c'est aussi ce qui arrive à Saint-Paul de Nîmes : l'audace de la pensée exigeait une rare intelligence dans l'exécution, et M. Flandrin y a trouvé l'occasion d'un triomphe. Son Christ est assis, et, quoique trois fois plus grand que les personnages placés près de lui, il ne s'élève pas au-dessus d'eux de manière à détruire l'accord de la composition. Assez grand pour que sa noble tête domine toute la scène et porte majestueusement l'empreinte divine que lui a donnée le peintre, il ne l'est pas assez pour distraire le regard étonné. On est frappé de la grandeur morale et de la sublimité de l'expression avant d'avoir réfléchi à ce qu'il y a d'extraordinaire dans les dimensions du corps. Rien ne trouble, en un mot, l'harmonie parfaite de cette belle œuvre. Et puis tout ne se tient-il pas dans un travail sérieusement conçu ? En plaçant ses personnages dans un ciel d'or, en leur ouvrant une sphère surnaturelle, M. Flandrin se donnait aussi plus de liberté pour les proportions de la figure principale, en sorte que ces deux choses, le fond d'or et la colossale grandeur du Christ, bien loin de n'être qu'une fantaisie du pinceau, relèvent d'une combinaison savante et se justifient mutuelle ment.

Sur les deux murailles qui enferment cette partie du chœur et conduisent à l'abside, M. Flandrin avait, pour ainsi dire, trois étages différents à peindre. A l'endroit le plus rapproché du sol, aux deux côtés des arceaux ouverts sur les galeries latérales, il a placé les quatre évangélistes. A gauche, voici saint Luc et saint Mathieu ; à droite, saint Jean et saint Marc. Ces quatre figures, sans donner lieu à des remarques spéciales, sont empreintes de cette beauté calme que M. Flandrin interprète avec tant de bonheur. Le saint Jean est plein de grâce. Les attributs des évangélistes forment comme un sujet à part qui remplit un vide, et pourtant se marie très bien aux figures dont ils dépendent. Je recommande surtout l'ange de saint Mathieu ; agenouillé, les mains jointes, il adore le livre saint qui retrace l'enseignement de Jésus, et certes, à la douceur inaltérable de son visage, à l'expression de bonheur qui illumine son regard, il est facile de reconnaître le messager de la bonne nouvelle.

Au second étage, et immédiatement au-dessus des grands arceaux, M. Flandrin a voulu exprimer l'adoration du saint des saints ; au-dessus des évangélistes, l'adoration de celui que la bonne nouvelle vient d'annoncer au monde. De chaque côté, à droite et à gauche de l'autel, deux des blancs messagers de l'infini, deux archanges, volent l'un vers l'autre, hardiment et gracieusement lancés dans l'espace comme de mystiques encensoirs. Au-dessous d'eux, le peintre a tracé ces mots : *Sanctus, sanctus, sanctus* ; mais c'est surtout dans leurs regards, dans l'empressement de leur attitude, dans l'admirable élan de leurs corps, qu'il a exprimé l'adoration. Entendez-vous comme ils chantent, comme ils lancent au plus haut des cieux l'éternel hosanna !

Enfin, si vous levez les yeux, vous apercevez, à gauche, tout en haut de l'édifice, les quatre grands théologiens de l'église grecque. Ils sont assis deux à deux, car l'arceau qui laisse pénétrer la vue dans la galerie latérale du chœur coupe cette partie de la muraille et divise par groupes la vénérable assemblée. Saint Grégoire de Nazianze est auprès de saint Basile, et l'artiste ne pouvait mieux faire que de les associer l'un à l'autre ; n'est-ce pas par l'éclat de la pensée, par l'élégance et la sérénité de l'imagination qu'ils se distinguent tous deux au milieu des théologiens de leur temps ? On souhaiterait peut-être sur la figure de saint Basile un peu plus de cette grâce poétique qui brille dans l'*Heptarnéron* ; le peintre ne s'est pas assez souvenu que l'évêque de Césarée est, avant tout, le plus suave et le plus harmonieux écrivain du IVe siècle. Au contraire, c'est l'action, c'est l'autorité, c'est l'indomptable énergie du commandement qui triomphe dans l'éloquence de Chrysostôme et d'Athanase ; on aime à voir réunis ces deux grands chefs dont les luttes et les malheurs rappellent la période héroïque de l'église d'Orient. Le type de saint Chrysostôme reproduit parfaitement le caractère de sa vie et de ses travaux ; sa large tête, son abondante chevelure, la flamme de son regard, tout concourt à exprimer la puissance. Ce n'est pas seulement l'orateur à la bouche d'or que nous avons devant les yeux, c'est le patriarche, le souverain de l'église de Constantinople. J'en dirai autant de saint Athanase ; à cette belle barbe blanche, à cet austère visage creusé par la méditation bien plus encore, que par les fatigues d'une vie errante, je reconnais l'invincible athlète qui, du fond de son désert, luttait presque seul contre l'église révoltée, et triomphait des ariens. Ces quatre figures font le plus grand honneur à l'intelligence et à l'habileté du peintre ; le dessin est large, la couleur harmonieuse, et les draperies pleines de souplesse et de majesté ajoutent encore à l'effet de ces beaux types.

A droite, et parallèlement aux pères grecs, voici les quatre principaux docteurs de l'église latine. Saint Augustin et saint Ambroise regardent saint Athanase et saint Jean-Chrysostôme ; saint Jérôme et saint Léon-le-Grand font face à saint Basile et à saint Grégoire de Nazianze. Ces figures me paraissent mériter les mêmes éloges que celles des pères grecs. D'éminens critiques, je le disais tout à l'heure, ont eu bien raison de remarquer combien la peinture monumentale donne de force et d'assurance au pinceau. Une fois maître du style qui convient au sujet, l'artiste n'a plus à recommencer de nouvelles études, comme celui qui passe d'un tableau à un tableau d'un genre tout différent ; il n'a qu'à persévérer dans la même voie, à appliquer sans hésitation le résultat de ses précédents travaux, et, à mesure qu'il avance dans la vaste composition qui l'occupe tout entier, il affermit, il agrandit sa manière. Les pères de l'église latine sont peints avec une largeur et une aisance qui attestent la fécondité de la peinture murale, en même temps qu'elles révèlent la sérieuse préparation de l'artiste. Il était difficile d'éviter la monotonie en représentant ces huit docteurs assis ; M. Flandrin a évité cet écueil, et il semble qu'il l'ait évité sans effort, tant la beauté des traits et la variété des expressions corrigent, sans qu'on y pense, l'uniformité des attitudes ! Ces deux belles galeries couronnent merveilleusement les riches murailles que je viens de décrire ; les docteurs siègent au plus haut de l'empyrée, et, graves, loin du bruit de la foule, ils méditent, comme dit Bossuet, sur l'incompréhensibilité des mystères. Au-dessus de la prédication évangélique, au-dessus de l'adoration des anges, il y a le plus beau spectacle qui puisse réjouir la divinité, je veux dire l'effort respectueux et hardi de la pensée de l'homme, lorsqu'elle interprète les paroles saintes et développe de siècle en siècle la philosophie des choses révélées.

Telle est cette première partie de l'œuvre de M. Hippolyte Flandrin : dans le fond, une grande composition, où la plus haute idée morale est rendue avec une simplicité hardie ; à droite et à gauche, une série de figures qui retracent à l'esprit l'enseignement du Christ et l'interprétation des pères, c'est-à-dire la tradition primitive, le fondement vénéré de cette loi dont le plus sublime dogme est inscrit sur l'abside en éclatants caractères.

Entrez maintenant dans la galerie à droite, vous verrez en face de vous un des meilleurs épisodes de ce beau poème. M. Flandrin avait à peindre, au-dessous d'une fenêtre, la partie inférieure de la muraille qui conduit à l'abside latérale ; il a pensé qu'il devait associer par une même conception le sujet de cette muraille et celui de l'abside, car deux compositions trop distinctes dans cette galerie étroite se seraient nui l'une à l'autre, tandis que, réunies par la volonté du peintre, elles donnent à cette partie de l'édifice un développement et une richesse inattendue. Il a donc figuré sur la muraille une procession de martyrs qui se dirigent vers l'abside, et, sur cette abside, il a peint le ravissement de saint Paul. La procession des martyrs est d'un grand caractère ; douze ou treize personnages, revêtus de la victorieuse auréole, s'avancent avec une gravité douce, avec une joie mâle et contenue. Ils tiennent de longues palmes dans leurs mains. Le bonheur du triomphe éclate dans leurs yeux ; bonheur austère, triomphe pacifique et sans faste, comme celui d'une grande ame après le devoir accompli. Je ne saurais me défendre d'une sympathie profonde pour cette peinture idéale, pour cet art vraiment philosophique, si habile à traduire par de belles formes les intimes sentiments de la conscience. Ce pur accord de la vérité intérieure et de la beauté qui ravit les yeux n'est-il pas le but suprême de l'art ? Ce n'était pas assez pour M. Hippolyte Flandrin d'avoir si bien interprété les secrètes émotions de ses héros ; il a placé au-dessus de cette procession deux anges qui éclairent plus nettement encore la pensée de la scène. L'un d'eux exprime la victoire de l'homme sur ses passions ; de sa main gauche il tient avec force et serre sur sa poitrine le joug dont il a débarrassé son front, tandis que sa droite, résolument tendue, agite la glorieuse palme qu'il vient de conquérir. Le mouvement de ce bras droit est admirable ; on sent, sous le calme du succès, le frémissement de la lutte, et la belle inscription tracée sur le mur semble s'échapper des lèvres de l'ange : Seigneur ! tu as brisé mes liens, *dirupisti vincula mea*. L'autre, animé peut-être d'une énergie plus radieuse encore, est vraiment l'ange du martyre : appuyé de sa main gauche sur sa longue épée, il saisit de sa main droite et, d'un geste superbe, il élève triomphalement vers le ciel son immortelle couronne. Ce n'est plus l'ange du combat, c'est l'ange de la victoire. La gradation des deux idées est rendue avec un dramatique intérêt qui satisfait complètement l'esprit, en même temps que la pureté des lignes, la souplesse des ajustements, la grâce enfin de ces beaux corps blancs détachés sur un fond bleu, attirent et enchantent le regard. Le ravissement de saint Paul, représenté sur l'abside, est la conclusion naturelle des peintures qui décorent cette galerie. Sur les ailes de la méditation et de l'amour, l'homme du troisième ciel, comme dit Bossuet, monte magnifiquement dans l'espace infini. Le mouvement de ses bras levés à la hauteur de la tête, ses pieds rapprochés sans raideur, la souplesse harmonieuse de tous ses membres, expriment avec une clarté parfaite le mystique élan qui l'emporte et le soutient sans effort. Ses regards plongent vraiment dans les profondeurs éthérées ; voilà bien l'extase de l'âme dans les royaumes, de l'idéal. Deux anges complètent la scène ; agenouillés, les mains jointes, les ailes étendues, on dirait de vigilants gardiens chargés d'intercepter les rumeurs d'en bas et de protéger la contemplation de l'apôtre.

La galerie correspondante offre une disposition analogue. En face de la procession des martyrs se déploie, avec une grâce charmante, la procession des vierges sages. Elles tiennent dans leurs mains les mystiques lampes dont elles n'ont pas renversé l'huile. Les unes s'avancent les yeux baissés, les autres dirigent leurs regards vers l'hémicycle où l'artiste a peint le couronnement de la Vierge. Dans ses travaux de Saint-Germain-des-Prés, en dessinant les cartons des vitraux, en peignant cette jeune reine qui porte dans ses mains le modèle de l'église, M. Flandrin avait montré déjà une aptitude particulière pour ces créations élégantes ; la grâce exquise, la poétique sérénité des vierges de l'église Saint-Paul, ne surprendront pas ceux qui ont suivi les progrès de son talent. Un peu plus haut, le peintre a placé, comme dans la galerie des martyrs, deux anges, ou, si l'on veut, deux vertus, qui semblent les guides naturels de ce groupe si harmonieux et si pur. La première est la Chasteté et la seconde l'Amour divin. L'ange de la chasteté est un type d'une candeur céleste, et celui qui représente l'amour divin exprime à merveille le calme de la possession suprême, la béatitude que rien ne vient plus troubler. La beauté recueillie de ces deux figures forme un contraste heureux avec la virile énergie des deux anges qui dominent le groupe des martyrs. Enfin le couronnement de la Vierge, qui termine cette galerie comme le ravissement de saint Paul termine la galerie de droite, est une scène d'une suavité adorable. Comment ne pas être touché du recueillement naïf de la Vierge, de la douceur infinie qui règne sur la physionomie de Jésus ? En couronnant celle qui fut sa mère ici-bas, le Christ est pénétré d'attendrissement, et il serait impossible d'offrir la couronne avec une délicatesse plus tendre, de la donner, j'ose le dire, avec plus de timidité et d'amour. Les maîtres italiens ont conçu de deux manières ce gracieux sujet. Les uns illuminent les profondeurs du ciel pour couronner plus glorieusement la mère du Christ, et c'est au milieu des anges et des rayons d'or qu'elle reçoit le diadème ; les autres, ne représentant que Jésus et la Vierge, donnent à la scène un aspect plus familier et semblent préférer les nuances de l'expression moitié divine et moitié humaine à toutes les splendeurs mystiques du paradis. C'est ce dernier parti qu'a adopté M. Hippolyte Flandrin. Il n'y a point de légions d'anges agenouillés autour du groupe sacré, point de ciel éblouissant, point de trônes et d'ornements symboliques. N'ayant à sa disposition qu'un espace assez restreint, le peintre n'a voulu ni amoindrir ses personnages, ni distraire l'attention du spectateur ; tout l'intérêt se concentre sur la Vierge agenouillée et sur le Christ qui s'incline vers elle. Fidèle ici comme dans le reste de son œuvre à cette sobriété de lignes qui est le vrai style de la peinture monumentale, il semble pourtant s'être attaché d'une façon plus particulière à l'idéale candeur de l'expression. M. Flandrin a été plus énergique et plus grand dans maintes parties de la composition ; il n'a jamais été plus tendre ni plus doucement inspiré.

Par ses travaux de Saint-Paul de Nîmes, M. Hippolyte Flandrin a indiqué d'une manière lumineuse le grand problème qu'il s'est posé et la généreuse ambition qui le possède. Unir la science consommée de l'art moderne à la profonde tendresse des primitives écoles, associer la beauté hardie de la renaissance à l'expression ingénue du moyen-âge, ce doit être le but invariable de la peinture religieuse. Ces deux conditions sont difficiles à remplir ; mais celui qui néglige l'une ou l'autre n'accomplira jamais une œuvre digne de représenter les grandes scènes ou les dogmes sublimes du christianisme. Si vous obéissez à de puériles fantaisies archaïques, si, méprisant la beauté que vous ne pouvez atteindre, vous reproduisez avec prétention les fautes naïves des maîtres du XIIIe siècle, vous ressemblerez à un homme qui s'étudierait à bégayer le langage de ses premières années ; mais, si vous ne conservez pas, malgré toute l'expérience de l'âge mûr, quelque chose de l'enfance du cœur, si l'émotion, la grâce, la candeur, tous les purs sentiments des vieilles écoles, ne brillent pas sous les formes magistrales de vos créations, vous pourrez être un grand peintre, vous ne serez pas le peintre de la pensée religieuse. C'est l'originalité de M. Hippolyte Flandrin d'avoir poursuivi ce but avec une persévérance infatigable. Il ne s'est laissé distraire ni par les fantaisies de la mode ni par des essais qui conviendraient mal à son talent. L'archaïsme prétentieux des néo-catholiques ne l'a pas séduit, pas plus que les dramatiques succès de plusieurs peintres contemporains n'ont tenté son intelligence, destinée à des triomphes d'une autre nature. Il a sagement consulté la vocation de son pinceau, et il a agrandi de jour en jour le domaine où il s'enfermait. La peinture murale, avec l'idéale grandeur et la calme dignité qu'elle exige, lui promet à l'avenir les plus légitimes triomphes tous ses progrès passés nous sont un sûr garant des œuvres qu'il nous doit. Dans ses travaux de l'église Saint-Séverin, quoique maître déjà d'une forme très habile,

M. Hippolyte Flandrin se cherchait encore lui-même ; ses peintures de Saint-Germain-des-Prés ont révélé un talent désormais sûr de ses forces ; à Saint-Paul de Nîmes, il a fait un pas de plus, et la belle scène de l'abside, les pères grecs et latins, les processions des vierges et des martyrs, le ravissement de saint Paul et le couronnement de la Vierge doivent compter parmi les meilleures productions de ce temps-ci. En ce qui concerne surtout le grand art de la composition, M. Flandrin n'a rien fait qui égale ses travaux de l'église de Nîmes ; il a joint la simplicité à la richesse, et, ne pouvant arrêter l'esprit du spectateur sur un petit nombre de pages, il a obligé toutes les parties de son œuvre à s'unir harmonieusement dans une même pensée, dans un poème d'une majestueuse ordonnance.

On voit que cette grave épreuve de la peinture murale réalise les espérances qu'elle faisait concevoir pour le développement de l'école française. Les travaux de M. Ingres à Dampierre, de M. Delacroix au Luxembourg, de M. Delaroche aux Beaux-Arts, avaient déjà, par des mérites très différents, mis en pleine lumière cette bienfaisante influence ; dans le genre tout spécial de la peinture religieuse, le chœur de l'église Saint-Paul confirmera la démonstration. Espérons que ces heureux exemples ne seront pas perdus. Espérons qu'il sera donné à nos artistes, aux maîtres déjà éprouvés et aux jeunes talents qui promettent le plus, d'assurer et d'agrandir leurs facultés dans ces nobles luttes de la grande peinture. L'Allemagne nous avait devancés dans cette voie. Cette éducation que nous réclamons pour nos peintres n'a pas manqué depuis trente ans aux écoles allemandes, et beaucoup de talents habiles y ont acquis une élévation inattendue. Quel que soit cependant le mérite de M. Cornelius, de M. Schnorr, de M. Kaulbach, quelque sympathie qu'on éprouve pour les larges fresques de M. Philippe Veit à Francfort, pour les suaves compositions de M. Steinlé à la cathédrale de Cologne, l'école française est assez forte pour maintenir sa supériorité, même dans ce nouveau domaine, si les circonstances lui permettent d'y déployer toutes ses ressources. La France républicaine, souhaitons-le pour sa gloire, continuera ce qu'avait commencé la monarchie ; elle imprimera à l'art une impulsion nouvelle en lui ouvrant les grands travaux destinés aux jouissances et à l'éducation du peuple. La ville de Nîmes a donné un bel exemple. Au milieu des désastres de l'année dernière, elle n'a pas retranché de son budget les sommes nécessaires à la décoration de l'église Saint-Paul. Cette bonne pensée a obtenu sa récompense. Les peintures de M. Hippolyte Flandrin vont être livrées au public, et elles honoreront l'intelligence de la cité autant que le pinceau de l'artiste. Quoi de plus sage, en effet, que l'encouragement du beau ? Sans aucune prétention dogmatique, l'art vraiment digne de ce nom exerce une influence profonde ; les idéales conceptions de la peinture et de la poésie sont aussi une propagande contre les passions mauvaises, propagande secrète dont on se défie moins et par laquelle bien des cœurs sont insensiblement transformés. Ne négligeons rien de ce qui élève les âmes ; en face des barbares qui nous menacent, n'abandonnons aucune des ressources de la civilisation ; accomplissons par tous les moyens, par le dessin et par la parole, par la science et par la poésie, cette prédication morale dont notre société bouleversée a besoin, et que l'art, au lieu d'être l'égoïste plaisir des raffinés, émeuve et charme la multitude par la grandeur et la simplicité de ses travaux !

ISBN : 978-1546938323